AF226798

48
Lb 2312.

DES RÉVOLUTIONS

ET

DU PEUPLE.

PAR HALMA PONCELET.

.... *Malè verum examinat omnis*
Corruptus judex.

HORAT.

———

PARIS,

PÉLICIER, LIBRAIRE, PLACE DU PALAIS-ROYAL,
N° 242.

1822.

DES RÉVOLUTIONS

ET

DU PEUPLE [*].

—

Iʟ est bien étonnant qu'au milieu des lumières dont l'expérience, les événemens, les faits particuliers, les travaux, les recherches de tant de siècles, ont enrichi la scène de la politique, on soit encore à connoître, ou du moins qu'on paroisse ignorer une vérité du profond sentiment de laquelle naîtroient des avantages inappréciables pour la prospérité du genre humain.

Tous les cœurs sensibles, les écrivains surtout, sans même en excepter les simples historiens, ne tarissent pas sur les épisodes de ces funestes drames vulgairement appelés révolutions, qui tous, à peu de chose près, offrent le même caractère. Il semble qu'on ne trouve pas de couleurs assez som-

---

[*] Le défaut de la plupart des livres est d'être trop longs. Si on avoit la raison pour soi, on seroit court.

Vᴏʟᴛᴀɪʀᴇ.

bres, de figures assez noires, pour répondre à l'horreur des images qu'on se complaît pourtant à s'en retracer. Mais c'est principalement contre cette partie d'une nation qui en fait l'essentiel, qu'on réunit toutes les forces de son imagination : les mots, les expressions, les tours les plus injurieux, les plus flétrissans, ne paroissent pas suffire au besoin de présenter sous un aspect odieux, la masse du peuple que toute commotion politique met en mouvement ; et quand on a épuisé toutes les épithètes outrageantes, on ne manque jamais d'achever le portrait par le terme de monstre, qui est comme le coup de grâce, le complément, le dernier trait d'une si effroyable peinture.

Les personnes qui en usent ainsi ont-elles jamais sérieusement songé à réfléchir sur ce qu'il y a d'injuste, d'inconsidéré, et, qui plus est, d'offensant pour l'autorité supérieure, dans une pareille conduite ? Quoi ! tout n'indique-t-il pas assez clairement que le peuple est l'ouvrage des gouvernemens, et que s'il confirme véritablement de telles descriptions, c'est à eux seuls qu'il faut s'en prendre ? A moins qu'on n'admette que les différens corps institués pour entretenir un ordre tel quel parmi les associations humaines, ont surtout pour but d'engraisser et dorer exclusivement certaine portion d'individus n'ayant qu'à commander et rien à ménager , sans nuls égards à observer , sans nuls devoirs à remplir envers les hommes pour qui et par qui seuls ils sont ainsi revêtus de pouvoirs , il est évident que le résultat d'un mode quelconque d'administration ne peut être mis que sur leur compte.

Encore dans la supposition même que les chefs d'une nation n'envisageroient dans leurs emplois respectifs qu'un droit de contrainte et de supériorité qui les mettroit à l'abri de toute responsabilité, qui les dispenseroit de toute sollicitude généreuse, bien loin de devoir travailler, avec un juste sentiment de reconnoissance, à modifier avantageusement les êtres confiés à leurs soins, qui ne voit que la volonté du monde la plus prononcée ne sauroit jamais être maîtresse du cours naturel des choses humaines ?

C'est donc la satire la plus sanglante contre les gouvernemens, que ces exclamations tendant à diffamer la masse principale d'une nation ; car enfin , de quelque manière qu'on veuille considérer l'état de la question , il demeurera toujours pour constant que les hommes dont on fait tant de plaintes sont néanmoins surveillés , repris , corrigés par des hommes qui ont sur eux toutes les influences ima-

ginables, exemple, pouvoir, ascendant, autorité, moyens coërcitifs et de persuasion, jusqu'à des préjugés, même ; que ceux-là, dans
leur moralité, sont le fruit des lois, des ré-
glemens, de l'arbitraire de ceux-ci, et de la force unie au conseil que ces derniers dirigent à
leur volonté. Quels motifs plus puissans ! quel-
les raisons d'étonnement !

Je conviens que des hasards singuliers, des
circonstances impérieuses, pour ne parler pas
de l'ignorance et de la barbarie, ayant d'a-
bord présidé aux institutions qu'il est si difficile ensuite de changer, une infinité de maux
en résultent, contre lesquels on a constamment à lutter, et que leur combinaison n'est
que trop de nature, avec la complication des
besoins journaliers et continus, à priver du
loisir nécessaire pour y remédier, quand on
seroit assez bien inspiré pour en concevoir la
pensée ; mais est-ce à ceux qui en profitent,
qui en font leur domaine, à en tourner le
blâme inévitable contre ceux-là seuls qui souffrent de leurs effets ? au poids dont elles les
surchargent, aura-t-on bien encore l'injustice
d'ajouter l'incrimination des résultats qu'elles
produisent ? Ainsi la main imprévoyante qui
auroit lancé sur une matière inflammable l'é-
tincelle, cause de sa propre destruction, seroit

donc censée mériter , dans la mémoire des hommes , toutes réclamations contre l'innocence même ?

Mais voici un autre phénomène si étrange , qu'il mérite d'attirer l'attention des gens sensés : étrange , dis-je , pour me conformer aux idées courantes , et ne pas trop choquer la prévention générale. Par une suite naturelle de ces lois immuables de corrélation qui régissent l'univers tant au moral qu'au physique, ce même peuple, ouvrage de ses chefs , est lui-même à son tour et réciproquement l'auteur , l'artisan , le fauteur bénévole de tout ce qui prétend n'être pas peuple ; et ici on doit convenir que tout l'avantage est de son côté ; car s'il donne trop souvent lieu de le comparer au sculpteur d'Horace , par la considération d'un grand nombre d'enorgueillis de leurs distinctions ; il est impossible de ne pas reconnoître qu'il a plus de sujet de s'applaudir de son ouvrage , que ceux-ci du leur. Or , chercher à démontrer que les grands et les petits s'engendrent et sont mutuellement les produits les uns des autres , seroit un soin fort inutile , puisqu'il est incontestable qu'il ne sauroit subsister de grands , de gouvernans sans un corps de peuple à gouverner , de qui tout vient et ressort. Prodige inconcevable , s'il ne frappoit constamment les yeux ! le favorisé , au lieu de se dire que c'est à la confiance de son bienfaiteur qu'il est redevable des moyens de s'illustrer , pousse l'ingratitude jusqu'à le méconnoître.

Les gens soit-disant distingués s'entendent fort bien quand ils prononcent le mot de peuple , et d'autant mieux qu'ils le font comme s'ils parloient de quelque chose avec quoi il n'est pas concevable qu'ils aient rien de commun. Cependant, veut-on descendre dans les ramifications variées à l'infini dont se compose ce qu'ils comprennent sous le nom collectif peuple ? on ne trouve rien , absolument rien , l'aversion que chacun partage d'être rangé dans cet ordre réprouvé par le préjugé , fesant imaginer des milliers de distinctions toutes plus frivoles les unes que les autres , dont nos demi-dieux rient de bien bon cœur , attendu qu'ils savent à quoi s'en tenir. Le mot de nation n'est susceptible ni de cette difficulté , ni de cette antipathie ; et les personnages qui ne parlent du peuple qu'avec mépris , n'hésitent jamais à se mettre de la nation , par une raison toute simple ; c'est qu'ils ne la font consister qu'en eux seuls , regardant tout le reste non-seulement comme un assemblage de prolétaires , mais de plus comme des serviteurs , des instrumens dévoués à leurs jouissances , à leurs satisfactions de toute espèce , dont ils ont le droit de disposer à leur gré, et qui doivent se trouver trop heureux qu'ils daignent leur laisser la faculté de se tirer comme ils l'entendent, des embarras de la société, pour contribuer à leurs profusions. En sorte que voilà comme une espèce d'esclavage de fait réel, bien plus étendu que celui des anciens, et dont il est aussi plus difficile de sortir.

Parmi tant d'écrivains qui ont traité du cœur humain, bien peu me paroissent avoir puisé à la source la plus abondante en points d'observations, et j'ose dire qu'en ce sens ils n'ont pas rempli la moitié de leur tâche. En effet, quoique les hommes soient à l'unisson par le cœur, néanmoins l'éducation négative ou positive, la situation, les besoins, les impressions de l'enfance affermies par l'âge ; l'effet de combinaisons compliquées dont le poids pèse tout entier sur certaines têtes ; ce concours de circonstances aggravantes produit tant de modifications dans les esprits, les facultés, les mouvemens indélibérés, qu'il faut une bien longue étude pour en juger sainement, et que la distance incommensurable qui sépare les hommes des derniers rangs d'avec ceux qui se trouvent à l'extrême opposé, ne permet pas à ceux-ci de rien comprendre aux actes spontanés, ou même calculés de ceux-là. Il n'appartient qu'à l'observateur judicieux qui par une suite des jeux de la fortune s'est vu long-temps en proie comme eux et parmi eux à tout ce qu'a de fâcheux un sort contraire, de regretter avec connoissance de cause, que tant de naturels heureux, de talens rares, de facultés étonnantes, un sens si droit, tant de trésors si précieux soient enfouis, offusqués, étouffés, et souvent rendus nuisibles par l'effet des mauvaises institutions.

Ce peuple, contre qui tout conspire ; ce peuple qui supporte toutes les espèces de fardeaux ; ce peuple, la force, la richesse et la véritable splendeur de l'État, ne prouve-t-il pas victorieusement ce que je viens d'en dire, quand par quelques-uns de ces événemens extraordinaires qui remettent chaque chose à sa place, il est dans le cas de déployer son énergie, ses incalculables ressources, et la prodigieuse fécondité de ses moyens qu'on étoit si loin de soupçonner ? N'est-ce pas avec lui qu'on a jamais fait, qu'on fera jamais ce qui reste l'objet de l'admiration des siècles ? N'est-ce pas de son sein que sortent de vaillans soldats, de grands capitaines, des généraux magnanimes, des savans, des jurisconsultes, des artistes en tous genres, des esprits actifs, infatigables, qui dans les différentes branches de l'industrie répandent une vie, une émulation, sources de la prospérité publique, et pour tout dire enfin, les maîtres en instruction des maîtres de la terre ?

Rien ne manque à la conviction où nous sommes que les dispositions existantes ont pour but l'ordre, l'harmonie, le concert entre les affinités composant un corps social ; mais l'essentiel est de savoir si les moyens conçus pour y arriver sont en rapport avec leur fin ; si ce qu'on nomme le bien de tous n'est pas le bien exclusif du plus petit nombre, et si, au lieu de consulter le vœu de la généralité, on ne la regarde pas au contraire comme une mine à exploiter dont les produits ne sont destinés qu'au bénéfice des entrepreneurs uniquement occupés du soin, après en avoir recueilli les fruits, d'empêcher que le choc des matières mises en contact, n'enfante des explosions redoutables, et pour y réussir, employant les précautions surannées du mystère, de la démarcation, sans aucun de ces lénitifs bienfaisans qui auroient des effets si admirables, en faisant partager aux exploités, les avantages de l'exploitation.

On sait bien que le travail, indispensable, et utile au peuple, est même pour lui un véritable bienfait non moins que pour tout l'ensemble ; mais autre chose est de veiller à ce qu'il n'en manque jamais, tout en justifiant sa confiance par une sollicitude active qui ex-

cluroit la morgue , les dédains , l'égoïsme , la
cupidité , et autre chose de ne pomper le suc
provenant de ses travaux , de son industrie ,
que pour s'environner des images du luxe et
de la mollesse , attributs de l'esclavage , faits
pour le pervertir en allumant en lui tous les
feux des passions qui doivent le détourner de
ses occupations et lui inspirer tous les vices ,
et de ne réunir enfin les divers trésors des
canaux qu'il offre aux calculs intéressés , que
pour en composer un épouvantail derrière lequel on assouvit tous les délires , assuré qu'on
est de le tenir , en l'hébêtant , dans l'ignorance
et l'abjection.

Dans chaque État civilisé , les rangs , les emplois sont marqués , soit en vertu de la cou-
tume , soit conformément à des lois positives ,
et il arrive trop souvent que les titulaires
ne s'occupent de ceux au sujet de qui ces lois
ont été faites , ces emplois créés , que pour
les faire contribuer au parti pris de satisfaire
des vues personnelles , des prétentions sans
bornes ; et cependant l'action plus ou moins
lente des établissemens inconsidérément fon-
dés sape , détruit les bases de tout l'édifice ,
les renverse eux-mêmes , et voilà que de leurs
ruines éparses s'élèvent des exhalaisons pesti-
lentielles qui mettent en armes et ceux qui
avec raison veulent s'en défendre , et les in-

ressés à les conserver à tout prix. Combat terrible, où chaque parti revenu pour ainsi dire à l'état de nature, avec les impressions de la civilisation, livre des coups d'autant plus effrayans, que rien n'arrête plus sa fureur exaspérée, pas même les liens du sang.

Et ce qu'il y a de plus remarquable, dans ces tristes conflits, c'est que n'existant pas de terme intermédiaire, de régulateur commun, de juge impartial entre des adversaires de la même espèce, agités des mêmes passions, il s'ensuit que cet être de raison, cette puissance aveugle, le succès, décide seul du droit, avec cette différence pourtant que la prévention, par l'effet des préjugés établis de longue main, est presque toujours en faveur du pouvoir antérieur, ce qui ne peut manquer de mettre dans la balance un poids trop propre à la faire pencher de ce côté qui s'abstient rarement d'en abuser, d'où de nouvelles sources de déchiremens sans fin.

Car on ne sauroit se dissimuler que les forces mêmes que déploie alors l'ancienne autorité sont un éveil qu'elle donne à ses ennemis qui n'ignorent pas d'ailleurs que les concessions qu'elle a eu l'art ou qu'elle s'est vue forcée de leur faire ne lui servent que de marche-pied pour s'élever aussi haut qu'elle aspire à monter. C'est, en outre, une étrange manière de capter la bienveillance, de s'attirer la confiance, que de fermer les yeux aux besoins des esprits et des ames, aux flots de lumières que les dissentions elles-mêmes ont contribué à répandre, et de montrer une soif insatiable et menaçante de préjugés, en émettant des prétentions en tout opposées aux réclamations qui sont dans les cœurs encore plus que dans les bouches. C'est ainsi qu'on a plus d'une fois obligé la raison à fermer aussi les yeux sur les dangers qui l'arrêtent par égard pour l'humanité, dans la vue de trancher le fil auquel tiennent ces préjugés, avec des armes contre lesquelles il n'est pas de bouclier.

Si le bandeau que l'habitude épaissit ensuite de jour en jour chez ceux qu'enivre le pouvoir, leur permettoit de rien discerner dans les bouleversemens politiques, ils reconnoîtroient sans doute alors mieux qu'il n'est possible de le leur démontrer, et surtout de les persuader, l'effet de leurs faux calculs dans l'incurie qui les caractérise à l'égard de la masse du peuple dont ils ne s'occupent que pour la pressurer. Encore si de pareilles leçons pouvoient leur profiter ! Mais loin de là, ils se contentent de se récrier, quand de tels élémens soulevés, et cela toujours de la faute des partisans des jouissances exclusives, ne renvoient que des émanations analogues à leur constitution présente, et auxquelles, par conséquent, on devroit bien s'attendre. Il convient cependant, avant de prononcer déi sivement sur ces motifs très-répréhensibles assurément, d'examiner si les plaintes sont bien fondées, et si du moins il n'existe pas de justes raisons, indépendamment de celle, la première de toutes, que j'ai déjà fait connoître, de justes raisons, dis-je, d'atténuer les récriminations.

Deux choses, principalement, sont à considérer, à ce sujet : l'instant de crise où un peuple entre en insurrection, et l'intervalle de temps où il jouit ou croit jouir de ses droits imprescriptibles. Il ne faut pas être étonné si, dans le premier cas, le peuple, au sortir d'une oppression qui en l'avilissant l'avoit surchargé de tant de fléaux à la fois, le peuple, tel qu'on l'a fait, se livre à une ardeur de vengeance toute naturelle, puisqu'elle est dans l'ordre des choses humaines, et de plus, excitée par le ressentiment de si longs précédens. Mais ce qui véritablement doit être un grand sujet d'étonnement, ce sont les transports de rage, les excès en tous genres de désordres qui signalent, dans le second cas, presque toute la durée de son retour au pouvoir qu'il a recouvré, époque d'autant plus remarquable, qu'au lieu de lui inspirer cette frénésie, elle devroit, ce semble, ramener en lui le calme et la dignité qui conviennent si bien à l'empire absolu. C'est donc ce qu'il est nécessaire d'expliquer.

Le peuple, au plus beau moment de son triomphe, a autour de lui, au milieu de lui des traîtres, des espions, des transfuges, des ennemis d'autant plus perfides et plus dangereux, qu'ils portent ses livrées et se dérobent à toute espèce de surveillance. En outre, la puissance contre laquelle il est occupé à se maintenir a tant de moyens ; elle dispose de tant de ressorts cachés et manifestes ; elle possède un si vaste arsenal de séductions, que la vanité, l'orgueil, la cupidité lui ménagent de toutes parts des ouvertures à l'aide desquelles il ne lui est guère difficile de se frayer un chemin au but où elle tend. Le peuple ne l'ignore pas ; mais il se voit enlacé comme un cyclope que des satyres voudroient clouer sur le rocher fatal ; et dans la fureur que lui cause cette suite non interrompue d'obsessions dont il ne sauroit se dégager, il frappe à droite et à gauche, tout ce qu'il juge conspirer à son asservissement, incapable qu'il est de discerner les innocens, de les distinguer des coupables, et plus à plaindre encore par cela même qu'intérieurement affligé des attentats auxquels on le pousse, il ne peut ou que tendre le cou à la chaîne, ou se résoudre à teindre ses mains d'un sang qu'il épargneroit si volontiers pourvu qu'on le laissât être libre, ou plutôt qu'on l'aidât à le devenir.

Il ne faut pas oublier non plus que ce peuple, qui n'a pour lui que sa vigueur et sa bonne volonté, du reste d'une ignorance telle que l'ont desirée ses anciens maîtres, est dans la nécessité de donner sa confiance à des personnes capables de remplacer, dans l'administration des affaires, ceux qui ne les avoient gérées que de manière à enfanter ces commotions ; et s'il est vrai de dire que dans le nombre il s'en trouve de réellement dignes de son choix, de cette confiance, il ne l'est pas moins d'affirmer que beaucoup trop ne sont pas dans ce cas. C'est là que notre puissance passagèrement éclipsée va recruter des satellites qui peuvent d'autant mieux la servir, qu'ils ont à leur disposition toutes les ressources qui lui sont échappées en partie, et que de cette manière elle ne tarde pas à recouvrer avec tout le reste, pour combiner ensuite un long et profond système de calomnies contre le peuple.

Ces catastrophes ne prouvent pas seulement qu'on se trompe ou qu'on veut tromper en suivant avec obstination des erremens qui ont partout les mêmes suites : elles nous

BIBLIOTHÈQUE ROYALE

2.

convainquent encore de leur tendance à pro-
voquer des mesures grosses d'orages , qui de-
vroient bien , sans doute , rendre sensible aux
images de désolation qu'elles manquent rarement d'amener. Il n'est pas du tout sur-
prenant que ceux qui tirent parti des abus
et des injustices , trouvent fort mauvais qu'on
réclame contre des maux qui ne les touchent
pas , contre des privilèges dont ils se trouvent si bien , et qu'ils mettent, en conséquen-
ce , tout le tort du côté des appelans , dans
ces causes majeures ; mais l'unique moyen , le
moyen infaillible de faire croire à la véracité
de leurs assertions , c'est de leur procurer tout
le poids sans lequel ils ne feront qu'ajouter
aux griefs , en s'exécutant , en donnant des
témoignages non équivoques de désintéresse-
ment ; en montrant , par le sacrifice de leurs
passions , qu'ils méritent d'être écoutés ; en
concourant , d'une manière franche , au triomphe des principes qui concernent non pas des
motifs personnels ou de parti , mais ceux , les
seuls sacrés , de la communauté. Hors de là ,
point de confiance , point d'applaudissemens ,
encore moins des bénédictions , et partant de
succès durables. Tout ce qui s'écartera de cette
ligne sainte ira grossir une liste obscure , vil
rebut abandonné aux injures du temps , trop
heureux d'échapper à une célébrité qui de-

viendroit, comme tant d'autres , un triste héritage , pour la postérité , de honte ou d'horreur.

Renfermés dans le cercle étroit des affections momentanées , la plupart des hommes-d'État ne voient pas que la perspective de l'avenir est le plus sûr guide qu'ils puissent consulter dans les sentiers du temps présent. Et comment y songeroient-ils, quand le tableau du passé ne leur est d'aucune utilité et qu'ils semblent ignorer , aussi bien que le commun des hommes, une vérité que je vais tâcher de faire sentir.

Toutes les secousses qu'ont éprouvées les empires à diverses époques, et sous des prétextes ou différens ou semblables, n'ont été que les accès d'une fièvre intermittente , ayant son principe dans un vice d'humeurs dont le corps politique s'est trouvé affecté dès sa naissance, et que n'ont fait qu'enflammer les passions humaines. Pour ne pas multiplier les exemples , je me transporte à Rome où l'établissement de la république a été bientôt suivi des vexations de la noblesse qui ont occasionné la retraite du peuple sur le mont Sacré, retraite qui lui fit obtenir des concessions , sources à leur tour de nouveaux troubles sans mesure , parce qu'on ne sentit pas l'incompatibilité , l'incohérence du mélange de formes qui se repoussoient les unes les autres. Dans la suite, lorsque Sylla, par ses proscriptions, se fut flatté d'avoir coupé la racine du mal, l'insensé, le barbare étoit loin de prévoir que cet exécrable moyen n'étoit que les dents du dragon semées pour produire des furieux tout armés et acharnés à s'entredétruire ; et pour résultat, l'excès du mal porté à son comble, a enfanté un régime nécessaire qui n'étoit lui-même que le symptôme d'un corps épuisé allant à sa dissolution d'abord par un calme apparent, effet de sa lassitude qui fit place peu après à des convulsions compagnes de sa déplorable agonie, sans qu'il eût été pour lors possible à toute la sagesse humaine de retarder, bien loin d'empêcher le dernier souffle de sa force expirante.

Même sort est échu à la trop célèbre Athènes, non, comme on le prétend, parce qu'il est de la destinée de tout Etat de périr, mais parce qu'elle a manqué aussi d'une sage constitution. Quoiqu'elle eût marqué sa course de législation en législation par des évolutions justement immortelles, les excès qui l'ont menée à une ruine si honteuse qu'elle a été un objet de risée pour ses vainqueurs, sont une éloquente leçon pour les gouvernemens qui pourroient se laisser entraîner par ce que présentent d'attrayant la gloire militaire et les succès trompeurs de la cupidité.

L'injustice, qui ne cessa jamais de caractériser l'esprit oligarchique de son administration, ne s'est pas contentée d'exiler Thésée, le libérateur, le père du peuple ; elle a osé consommer sur la personne de Codrus l'horrible attentat que tout le monde connoît sous des rapports bien différens. Il suffit cependant même de la prétendue raison du changement de gouvernement, donnée dans l'intention de couvrir ce crime, à la manière de l'apothéose de Romulus, pour faire ouvrir les yeux sur sa véritable cause, puisque la reconnoissance, en supposant vraie la fable ingénieusement inventée en l'honneur de cet infortuné roi, n'auroit pas manqué d'inspirer une résolution toute opposée.

On peut seulement juger par ce fait, qui n'est pas le seul dans l'histoire, qu'une saine critique auroit lieu d'expliquer tout autrement qu'elle ne nous les offre, qu'il n'est pas de crimes politiques qui ne puissent trouver dans les historiens d'habiles apologistes. Qu'on ajoute à cela l'inclination constante des grands à effacer autant qu'il étoit en eux toute espèce de pouvoir autre que le leur qu'ils savoient exercer au moyen des orateurs et de la multitude par laquelle ils obtinrent bien de

témoigner leur mécontentement d'une magis-
trature, l'archontat, sous prétexte qu'elle res-
sembloit trop à la monarchie, et l'on n'aura
plus, j'espère, de doute sur ce que je viens
d'avancer. C'est aussi l'unique moyen de faire
revenir les gens sensés de leur prévention contre
ce peuple si décrié que les oligarques fesoient
mouvoir à leur gré, parce qu'avec infiniment
plus d'esprit et de caractère que beaucoup d'autres peuples, il a toujours manqué, aussi bien
qu'eux, d'une direction vraiment libérale.

Presque tous les publicistes attribuent à la
réforme de Luther, ce qui n'est que le résultat pur et simple de la civilisation, en quelque pays que ce puisse jamais être. Cette erreur tient à une nuance si délicate, qu'il n'est
pas étonnant qu'elle leur ait échappé. J'es-
saierai toutefois de la saisir et de la présenter
sous son vrai jour, tant bien que mal. S'il
est vrai que dans aucun État on permette rarement de discuter sur les fondemens de la
foi reconnue, il est aussi rare qu'on n'y pro-
tège pas l'enseignement de ses dogmes, et
qu'on n'applaudisse aux progrès qu'ils font
sur les consciences. C'est par conséquent l'af-
faire de tous; et chacun ne peut qu'être bien
vu, qui s'en occupe avec toute la ferveur
qu'il est susceptible d'y mettre.

Il n'en est pas ainsi de la politique, cette

arche sacrée qui ne sauroit jamais être assez enfoncée dans le sanctuaire , à l'abri des regards profanes. Cependant , les hommes ont des sens , des organes avec une intelligence quelconque ; ils ne peuvent pas toujours fermer les yeux à ce qui les frappe, ni imposer silence aux inspirations d'une raison plus ou moins développée , qui suit , souvent sans qu'ils puissent trop s'en rendre compte , le cours des événemens , des choses , dont il reste toujours quelques traces. En arrive-t-il un , de ces événemens , qui soit dans le cas de mettre en jeu ce qui fermente pour l'ordinaire à leur insu , dans le plus grand nombre des ames , tels qu'une guerre de religion ? alors l'inquiétude secrète , quoiqu'elle prenne le change , trouvant à s'échapper par cette commissure , se donne libre carrière et va jusqu'où elle peut s'étendre.

Voilà ce qui s'est vu en Angleterre , en Allemagne et en Espagne, en Espagne surtout , où la haine du nom sarrazin a poussé le zèle religieux jusqu'à la superstition , non pas seulement parce que ces Arabes observoient une croyance différente , mais encore parce qu'ils avoient été les maîtres dominateurs de la péninsule pendant plusieurs siècles ; ce qui ne se pardonne jamais.

La France ne s'y est pas trompée : nos sou-

verains et leurs ministres ont fort bien vu
ce qui fesoit l'essence de la réforme. La seule
faute qu'ils aient commise est de n'avoir pas
su tirer parti du ressort que le fanatisme inspire aux ames ; de n'avoir pas saisi l'oppor-
tunité des circonstances , et d'être restés , par
un mal-entendu inexcusable , en arrière des
bénéfices du temps. Tous les gouvernemens
que n'éclairera pas cet exemple ; qui ne sauront point prévoir , calculer , suivre graduel-
lement les effets de leur propre existence ,
et modifier à mesure une administration qui
en définitive ne doit être que le corollaire
de ces antécédens , légueront à leurs successeurs
une série de travaux pour lesquels il est plus
que douteux qu'il se rencontre jamais de nouveaux Hercules.

On a vu , dès le commencement de ces ré-
flexions , que nous ne dissimulions rien de la
difficulté d'appliquer le remède convenable
aux vices d'une première origine ; mais les
hommes-d'État ne montreroient-ils donc tant
de talens que pour entretenir des plaies dont
la cure radicale ne peut s'obtenir que par le
traitement régulier des organes internes , ac-
compagné d'un régime salutaire ? En vain
s'obstineroit-on à vouloir contraindre ceux qui
souffrent et connoissent la source et la nature
de leur mal , à prendre un breuvage qui ne

leur inspire que déboire, attendu qu'ils croient l'expérience un motif suffisant pour leur en rendre intolérables l'amertume et l'inefficacité ? ne savent-ils pas que les germes de ce mal ne sont point en eux ! Espèreroit-on revêtir d'un caractère sacré devant des esprits sains, instruits, clairvoyans, ce qui est tombé dans le discrédit, réhabiliter des maximes en désuétude, ranimer des cadavres, tandis qu'il seroit si facile et si prudent de diriger le torrent, au lieu de lui donner, de gaîté de cœur, de nouvelles forces ?

Travailler à diffamer par des appellations injurieuses ceux que leur zèle engage à faire parvenir la vérité au pied des trônes, c'est ne pas connoître ses intérêts ; organiser la persécution, c'est ouvrir un abîme. Quand on parviendroit, ce qui est impossible, à éteindre la génération actuelle toute entière imbue des principes qui fermentent, ou bien à la comprimer, à l'abrutir, même, par la terreur, qu'y gagneroit-on ? les hommes passent ; les choses restent. Et quant à ce qu'on nous dit de l'anarchie, il n'est personne qui ne sache qu'en penser, et qui ne défie qui que ce soit de citer aucun temps, aucune contrée où l'anarchie ait positivement régné.

« Enfin, dit Montaigne, je vois par notre
« exemple, que la société des hommes se tient

« et se coust à quelque prix que ce soit : en
« quelque assiette qu'on les couche, ils s'ap-
« pilent et se rangent, en se remuant et s'en-
« tassant, et comme des corps unis qu'on met
« en poche sans ordre, trouvent d'eux-mêmes
« la façon de se joindre et de s'emplacer les
« uns dans les autres, souvent mieux que l'art
« ne les eût su disposer. — Qu'on regarde
« qui sont les plus suffisans aux villes, et qui
« font mieux leurs besongnes, on trouvera
« que ce sont les moins habiles : il est adve-
« nu aux femmelettes, aux enfans et aux in-
« sensés de commander de grands Etats, à
« l'égal des plus suffisans princes, et y ren-
« contrent, dit Thucydides, plus ordinaire-
« ment les grossiers que les subtils. Nous at-
« tribuons les effets de leur bonne fortune à
« leur suffisance. »

Assez de louanges ne sauroient être payées
aux gouvernemens qu'anime un véritable et
pur amour de la paix et de la tranquillité ;
et que de bénédictions ils s'attireroient ! à
quels prodiges ils donneroient lieu, s'ils vou-
loient franchement asseoir cette paix, cette
tranquillité, filles du ciel, sur leurs bases
essentielles, en se voyant soulager des appré-
hensions continuelles où ils veulent bien se
tenir ! Ils obtiendroient bientôt toute la lati-
tude convenable pour déployer les grands,

les généreux moyens dont on se plaît à les croire
doués, et l'on verroit cesser en même temps
cette lutte scandaleuse entre le progrès toujours croissant des connoissances, des idées
libérales, et les échafaudages gothiques rouil-
lés et menaçant ruine de toutes parts.

L'unique source de leur erreur est la crainte
où ils sont d'y perdre, ne voyant pas qu'en
prenant l'initiative ils ne feroient que rendre
leur position plus stable, en lui procurant des
bases inébranlables par cela même qu'elles
dissiperoient la divergence des intérêts. L'obstination à se roidir contre l'évidence ne vient
que d'une autre crainte aussi mal fondée,
savoir, qu'en cédant aux vœux si formels
qui les assiègent, ils n'ouvrissent une trop
vaste carrière à des exagérations dangereuses.
Mais dans cette supposition, que penser donc
de leur talens ? et d'ailleurs, peuvent-ils dou-
ter du concours des lumières et des efforts
si recommandables de tant d'hommes dévoués
au bien de leur pays, qui pour garantie présentent et des propriétés qui les attachent au
sol et une pratique consommée dans l'art de
contenir et de mouvoir à propos la multitude,
qu'ils ont eu le loisir et le talent d'étudier à
fond ?

Une observation essentielle à leur présenter
à eux-mêmes, aussi bien qu'aux gouvernemens,

trouve ici naturellement sa place, comme ayant trait aux plus sûrs moyens d'éviter les désastres des révolutions. Lorsqu'on voit tous les principes qui ont jamais fait le bonheur des Etats, détruits par les effets d'une peste, cause partout des plus grands désordres, et qui semble aujourd'hui plus qu'en aucun autre temps exercer le plus effrayant empire, peut-on raisonnablement se flatter que les misères humaines éprouveront quelque soulagement, si l'on n'apporte un remède prompt, efficace, à ses ravages ? Avec une religion qui au commandement du pardon des injures a joint celui du mépris des richesses ; qui maudit les riches et ne promet la félicité qu'aux humbles et aux modérés, comment, par quel excès d'aveuglement, d'inconséquence, peut-on bien ne voir la prospérité, le mérite, le bien que dans l'or, ne rêver, ne priser, ne révérer que l'or ? O quelle ne sera pas un jour la surprise de ceux pour qui nous serons devenus des anciens, quand l'histoire leur apprendra que les personnes mêmes, parmi nous, de qui on auroit dû le moins attendre un pareil scandale, ne pouvoient assouvir leur soif de l'or au milieu de la profusion ; qu'il leur falloit cumuler des places avec une effronterie cynique, pour satisfaire l'ardeur qui les embrasoit ; que d'autres, rappelant ces courtisans qui après la triste fin d'Henri IV s'élançoient en affamés sur les trésors amassés par ce grand roi et son digne ministre, comme les harpies sur les tables d'Enée, étoient aussi avides du produit des sueurs et des larmes de l'indigent, que des largesses du millionnaire.

Ce qui portera cette surprise à son comble, sera de voir que, de toutes les manières de conduire les hommes, on soit précisément allé chercher, dans le systême financier, la plus grossière, la plus irréligieuse, la plus immorale.

L'argent, comme les liquides, cherche toujours le niveau, et tend sans cesse, pour cette raison, à se réunir; et plus il s'amasse, plus il attire et acquiert de force pour tout envahir. Il s'ensuit que les lieux délaissés, de toute part exposés aux feux dévorans de la canicule, et ne trouvant plus dans un fluide qui leur a été ravi, les sucs réparateurs, se dessèchent, dépérissent, et ne sauroient plus rendre au domaine général les fruits qu'il étoit censé devoir en attendre, tandis que la masse formée de toutes les dérivations, devient ordinairement inutile, parce qu'au lieu de fertiliser les champs qui en sont couverts, elle ne sert qu'à les dérober au fer industrieux qui ouvriroit un libre cours aux germes qu'elle étouffe. Ce n'est que par des travaux immenses et qu'avec des ris.

ques pour les campagnes voisines, qu'on parvient à la dompter au moyen de saignées, desquelles il résulte presque toujours un nouveau mal, soit à cause des miasmes dont l'air est infecté, soit par rapport aux suites d'un débordement qu'on ne prévoit pas toujours, et qui vainqueur de tous les obstacles qu'on peut lui opposer, emporte confondus, hommes, bestiaux, habitations.

Quelquefois même il peut arriver que les terres devenues absolument arides, et n'en conservant pas moins la chaleur interne qui ne demande qu'à produire, laissant accès à quelque météore dont l'activité procure à ce véhicule une secousse qui l'enflamme, aussitôt la commotion se communique de proche en proche et enfante ces effrayans effets qui détruisent des villes et des générations entières.

Excepté en Angleterre, où de bonne heure les principes du droit public ont fait des progrès que toutefois on n'y a pas encore su rendre populaires, par la raison seulement qu'on n'y a point pourvu aux effets du vice que je viens d'examiner, tout ce qui s'est fait sur la terre sous le titre de révolution jusqu'à nos jours, n'a jamais été qu'affaires de parti, ouvrage des passions. Que les sentimens qui agitent maintenant les ames pensantes, ont un caractère bien autrement imposant ! quel spectacle , que la lutte engagée depuis quelque temps , et qui n'est scandaleuse encore que par les oppositions aux conseils de la raison. Ce n'est pas partiellement, dans tel ou tel État , qu'on réclame en faveur de la justice et de l'humanité ; et si les voix qui se font entendre partout et qu'on traite de séditieuses tout en convenant de leur unanimité , et qu'on voudroit bien présenter autrement que simultanées ne paroissent point appuyées explicitement par la masse générale, c'est que de longne main on a travaillé à y pourvoir , et qu'on ne fait que retarder l'élan comprimé.

On vient nous dire que des peuples , en apprenant qu'on parloit de les mettre en liberté , ont souri à cette proposition en gens contens de leur sort , et qui ne comprenoient rien à ce mot de liberté ; et là-dessus, on s'épanouit bouffi de son triomphe qu'on s'imagine à l'abri de tout revers. Vous qui tenez un pareil langage , êtes-vous libres ou esclaves ? Nous sommes libres ! dites-vous. En ce cas , vous avez donc les habitudes conformes et les idées convenables aux personnes nées dans cette condition. Et vous êtes étonnés que des misérables courbés sous le knout de pères en fils , ne les aient pas , ces idées ; qu'ils raisonnent comme l'avoient en vue les premiers qui ont réduit leurs aïeux à ce déplorable état !

Et loin de vous apitoyer sur un si triste spectacle, sur cet excès de dégradation, vous abu-
sez d'une réponse faite pour déchirer toute
ame humaine, au point de vous en faire un
trophée ! Ne voyez-vous pas que pour rendre à
ces hommes dégradés ce dont vous les avez
privés, il faut que vous vous identifiiez avec
eux, et que vous-mêmes redeveniez hommes,
de comtes ou barons que vous pouvez être,
pour vous assurer l'amour, la reconnoissance
et les services mérités de nouveaux hommes
à qui vous seriez plus redevables qu'eux-mêmes envers vous, par la raison que vous pui-
seriez dans cet acte de réparation, avec une
existence plus stable, des voluptés au-dessus
de l'expression, en assurant à vos descendans
une destinée honorable ?

Aux craintes qui retiennent les gouvernemens, se joint l'amour-propre qui se croiroit
blessé de consentir aux réclamations les plus
justes. Ils ne veulent pas voir que par la fusion
des intérêts opposés ils affermiroient leur autorité au lieu d'y porter atteinte; ils ne veulent pas considérer que nous sommes vieux,
pour la raison, l'observation et l'expérience,
de l'âge des nations qui nous ont précédés et
qui nous sont connues par l'histoire ; enfin ils
se refusent à sentir que l'unique moyen d'é-
viter jusqu'à l'ombre de révolutions, est né-

cessairement de faire par le conseil et la sagesse ce qu'il est dans les choses possibles que
la maturité des circonstances amène au moyen
d'une révolution et de ses calamités.

Outre la force qu'ils ont en main avec toutes les sortes d'attributions consacrées par le
temps et les habitudes, sans compter les moyens
d'influence à leur disposition , que d'autres
ressources n'ont-ils pas pour opérer sans commotion ce dont le besoin vivement senti peut
occasionner des bouleversemens si redoutables ?

Ce mot de révolution les offense avec raison ; mais ce n'est pas assez tant qu'ils ne se
mettront point en état de n'en craindre aucune.
Et qu'ils ne s'imaginent pas que c'est par ce
qu'on appelle de grandes mesures , dans le jar-
gon de la politique vulgaire , qu'ils dégage-
ront l'atmosphère des nuages capables d'en al-
térer la sérénité.

Mais, observera-t-on, le gouvernement, s'il
tentoit des épreuves qui pourroient bien n'être
pas inconciliables avec ses vrais intérêts, se
mettroit dans une fausse position à l'égard des
autres gouvernemens. Eh ! qui vous dit que
c'est à tel ou tel gouvernement que ceci s'a-
dresse ? Faut-il donc tant d'argumens pour faire
entendre que toutes les nations n'aspirent qu'à
former une seule et même famille avec les
conservateurs à la tête de chacune de ses bran-

ches respectives ? Les souverains eux-mêmes semblent si bien sentir la justesse de ce que j'ai en vue, qu'ils font en ce moment, pour retenir des pouvoirs précaires, plus, beaucoup plus qu'il ne faudroit pour consolider leur autorité et la rendre à jamais chère et sacrée.

Il est suffisamment démontré maintenant que tous mouvemens tumultuaires ne sauroient être que funestes même à leurs auteurs, et que les plus ardens à crier contre les atrocités dont ils sont toujours accompagnés, ne seroient pas les derniers à en augmenter le nombre et la noirceur, pour de très-fortes raisons qui sautent aux yeux de tout le monde ; il n'est pas moins évident que le temps seul, avec le progrès des lumières, peut aider à consommer ce qui reste encore à faire pour le bien général ; et ce miracle, car il faut appeler ainsi ce dont les uns désespèrent tandis que les autres en ont une frayeur puérile, et qu'il y en a qui en murmurent ; ce miracle, c'est l'ame, l'esprit, le cœur de tous les gens instruits dans tous les rangs de la société qui l'opèreront sans déchiremens, sans haine, sans secousse, par un accord simultané quoique progressif, fruit de l'expérience, de la méditation, du sentiment, de la raison, qui fera tomber là des voiles et des barrières, ici des liens dès lors et pour toujours honteux.

C'est à des ames de ce mérite qu'il appartient d'apprendre à l'univers étonné que ces mobiles tant vantés dont les ambitieux ont su abuser dans tous les temps, sous tous les régimes, pour mettre à contribution la crédulité, l'enthousiasme, que ces mots de gloire nationale, d'exploits, de triomphes, ne sont rien auprès de ce qui doit tôt ou tard soulager la terre, qui attend cette heureuse époque avec l'impatience d'une mère soupirant après l'arrivée du soutien de son existence. Je veux parler d'une prospérité réelle, stable, également distincte et affranchie des exagérations d'un fanatisme quelconque et des aberrations de toute espèce de despotisme.

Le feu sacré qui doit achever de consumer les obstacles encore opposés à l'aurore de cette ère nouvelle, brille déjà dans toutes les parties du monde civilisé ; et les génies qui sauront l'alimenter par les offrandes qu'ils offriront sur son autel, personnes privées ou fonctionnaires publics, magistrats, ecclésiasiques, militaires, publicistes, dans les bénédictions de leur siècle, goûteront les prémices de celles dont les comblera la postérité.

S'il pouvoit rester quelques doutes sur la réalité d'un avenir si prospère, il suffiroit, pour les voir se dissiper, de comparer la marche et l'effet des lumières depuis le seizième siècle, avec l'état où elles ont langui dans les temps antérieurs, qui ne sont pas inutiles pour l'observation, et compter le nombre d'hommes recommandables par les idées libérales et dans les diverses contrées, qui ont paru ensuite. Personne, je pense, n'est tenté de contester qu'en tout temps il a existé des esprits révoltés de se voir dans l'obligation d'agir contradictoirement aux inspirations de leur conscience, quelque haut qu'ils eussent été placés. Eh! combien de nos jours, qui rougissent intérieurement de la nécessité où ils sont de prêter leur ministère à des abus, et qui gémissent de la lutte qu'il leur faut entretenir avec eux-mêmes en suivant un sentier opposé à tout ce qu'ils approuvent et révèrent! Laissons donc faire au temps; et la force des choses, accélérée par la pente qui entraîne presque toutes les ames, couronnera l'œuvre des lumières en distribuant la plus sainte des récompenses à toutes les espèces de sacrifices.

FIN.

J.-M. EBERHART, Imprimeur, rue du Foin Saint-Jacques, n. 12.

www.ingramcontent.com/pod-product-compliance
Lightning Source LLC
Chambersburg PA
CBHW061351050726
47595CB00005B/2189

9782011779533